AF562294

LES

DEUX HORIZONS

PENSÉES PHILOSOPHIQUES

EN VERS

LES

DEUX HORIZONS

PENSÉES PHILOSOPHIQUES

EN VERS

PAR

AMÉDÉE COUDER

Que l'avenir passe et s'incline,
Dans le champ où la main divine
Jeta les siècles pour engrais.

A. C.
(*L'Architecture et l'Industrie.*)

PARIS

E. DENTU, ÉDITEUR

LIBRAIRIE DE LA SOCIÉTÉ DES GENS DE LETTRES

13 et 17, Galerie d'Orléans (Palais-Royal)

ET A LA LIBRAIRIE CENTRALE

24, boulevard des Italiens

1862

LES

DEUX HORIZONS

Faut-il, venu trop tard, qu'aujourd'hui je déplore
De vivre dans ce mauvais temps ;
A cette aride époque, où tout est incolore ;
Où les sens, dans tous les instants,
Poussent aux appétits du stupide vulgaire,
Pour l'énerver et l'abrutir.
Où les oiseaux de proie ont établi leur aire ;
Où le vice est sans repentir ;
Où rien de saint, de grand, ne vient échauffer l'âme ;
Où tout n'offre plus qu'un lambeau ;
Le doute et l'égoïsme ont éteint toute flamme ;
Rien de respectable et de beau !

Le passé condamné tombe, meurt et s'efface,
Sous nos riches combinaisons.
Partout, cherchant le mieux, rien ne demeure en place,
Ni les arbres, ni les maisons.
De leurs temples déserts, les vertus sont absentes ;
Plus de ces transports inspirés
Qui font les nations nobles, grandes, puissantes,
Et les siècles vénérés.
La poésie expire, à la Bourse tuée ;
A travers le bruit du marteau,
Des tambours et des chars, pâle et prostituée,
Elle est sans voile ni manteau.
Les sceptiques docteurs, de la race nouvelle,
Le froid scalpel en main,
N'ont vu qu'un mécanisme où rien ne se révèle,
Dans le cœur et le crâne humain.
Des ressorts, un piston, un mouvement de montre,
Dont la clef, le moteur puissant,
Que la nature exige, et chaque jour démontre
Dans les os, la chair et le sang,
Est tout dans l'aliment que l'estomac renferme
Avec soin, chaudement caché,
Et qui, renouvelé, ferait vivre sans terme,
Si notre fil n'était tranché.

L'industrie est la reine, infatigable, ardente,
Poursuivant l'œuvre de Flamel,

Elle offre ses attraits à la foule imprudente,
En rendant cet arrêt formel :
L'art le plus grand de tous, celui qui seul rend libre,
Qu'en secret on cherchait encor,
Le feu dans le regard, et le feu dans la fibre,
Est l'art, l'art de fabriquer l'or !
Avec une incroyable et courageuse audace,
Le besoin servant d'aiguillon,
Sans relâche, chacun en recherchait la trace,
Dans son âpre et rude sillon.
C'est le grand talisman qui produit les merveilles,
Et qui dispense du labeur ;
Qui transforme en festins et les jours et les veilles,
En donnant la clef du bonheur !
Hélas ! pauvres chercheurs, votre avidité folle,
Vous fait expier votre erreur,
Et comme les Hébreux, en adorant l'idole,
Vous ne trouvez que... le malheur.
Trop lourd est le fardeau ; la faim, trop importune ;
Las de votre condition,
Le paradis sur terre est pour vous la fortune,
Et vous mourez... d'ambition !

Cependant, tout à coup, pris d'une ardente fièvre,
Au mot patrie ou liberté,
On voit le peuple en feu, la cartouche à la lèvre,
Avec impétuosité,

Désertant l'atelier, courir sous la mitraille,
Au milieu de combats nombreux ;
Sachant rester humain, même dans la bataille,
Se montrer vainqueur généreux.
O peuple unique au monde ; héroïque et frivole,
Digne des Amadis et des rudes Gaulois ;
Toi qui, dans les grands jours, si rapidement vole,
Défendre ton sol et tes droits ;
L'ennemi terrassé, pourquoi ta main puissante,
Dès qu'elle a su venger l'affront,
Se peut-il que souvent, sitôt elle consente
A laisser se courber ton front !
Mais, aujourd'hui, que peut un superbe courage
Contre les moyens destructeurs ;
L'extermination nous a soufflé la rage
Qui dévore les inventeurs !

Respirant l'air poudreux, las, et l'humeur chagrine,
Sur un banc de nos boulevards,
Devant les magasins que le gaz illumine,
Promenant de tristes regards ;
Contre mon siècle, ainsi, se répandait ma plainte ;
Lorsqu'un travailleur, aux bras nus,
Du droit sens, sur les traits, portant la noble empreinte,
Me dit : Nous sommes inconnus,
Mais serrons-nous la main : je suis honnête et brave.
La raison réunit nos cœurs ;

Causons quelques instants, sur un sujet si grave,
Comme le peuvent deux penseurs.

Dans l'univers entier, tout est ombre et lumière ;
Toujours le mal est près du bien,
Le rire, près des pleurs ; l'or, près de la chaumière,
Et l'espoir, auprès du chrétien.
Du temps où nous vivons, vous n'avez vu que l'ombre,
Étant tourné du côté noir.
Regardez au levant ; découvrez-vous, sans nombre,
Les merveilles que je crois voir?
Ces millions de bras, fécondant les campagnes,
Avec des procédés nouveaux ;
Changer le lit des mers, déplacer les montagnes,
Par de gigantesques travaux !
Et tous ces pavillons, sur ce palais immense,
Où vont toutes les nations,
Se disputer les prix de leur intelligence,
Au nom des générations !
Entendez-vous rugir? voyez la noire haleine,
De tous ces reptiles géants ;
Qui, comme de Jonas, autrefois la baleine,
Emportent l'homme dans leurs flancs.
Et ces fils suspendus, et ces câbles magiques,
Traversant les airs et les mers,
De l'intime pensée, organes électriques,
Conversant avec l'univers !

Les entraves du temps sont partout renversées,
Les peuples se tendent la main.
Les distances partout se trouvent effacées :
Pour l'union du genre humain.

C'est que les temps, mûris, ont éclairé le monde
Sur ses plus graves intérêts ;
Le génie a vaincu l'ignorance profonde
Avec les armes du progrès.

Pour jamais, devant nous, est la terre promise ;
A nous, tout son miel et ses fruits.
Aujourd'hui la moisson doit s'ouvrir, sans remise ;
Entendez-vous, déjà, ces bruits !
L'on brise les vieux fers de tous les esclavages,
Pour forger de nouveaux outils :
Des rails et des engins aux milliers de rouages ;
Plus de sabres, plus de fusils.
Trop précieux le sang que Dieu mit dans nos veines,
Pour se complaire à le verser !
Les promesses d'en haut ne sauraient être vaines,
Et le temps ne peut qu'avancer.
Le bonheur, c'est la paix ; avec tout son cortége,
La foi, l'abondance et les arts.
C'est son œuvre en entier, que le bon Dieu protége ;
Il veut des fleurs, non des remparts.

Par force, et par raison, la guerre est impossible,
Et l'excès de l'invention,
Egal de toutes parts, étant irrésistible,
Enchaîne la destruction.

Ce besoin de grandir, qui domine chaque être,
Est un ordre du Créateur ;
La plante le comprend, en commençant à naître :
Le soleil est révélateur !
De progrès en progrès, lorsque toute la terre
Sera dans la prospérité ;
La science et les mœurs banniront sans mystère,
Les causes de mortalité.
Le mépris sauvera de l'éhonté cynisme ;
L'honneur sera pour la vertu,
Pour le vrai, le talent, le savoir, l'héroïsme ;
Le vice à jamais abattu.
Toujours encourageant, honorant le génie,
Les grands peuples reconnaissants,
Plus largement qu'au sein de l'antique Ausonie,
Seront des Mécènes puissants.
Alors, de toutes parts, des chefs-d'œuvre sublimes,
Fils du calme et des saints transports,
Rendront grâces à Dieu dans leurs chants unanimes,
De nous vouloir riches et forts.

L'amour, ce feu sacré par qui vit la nature,
A seul animé ce tableau ;
Dans les cieux, déroulant sa magique ceinture,
Il donne le grand et le beau ;
Et tient de l'univers les hautes destinées.
Comme l'Évangile le dit :
Aimons-nous, aimons-nous ; plus de sombres années,
Nous aurons le bonheur prédit.

La vie a deux versants, pour monter et descendre ;
Au sommet la maturité.
A notre globe, aussi cette loi doit s'étendre :
Il atteint sa virilité.

Pour savourer un fruit, ne faut-il pas attendre
Que dans son sein soit amassé
Le suc qui fait sa force, et que d'un regard tendre,
Le chaud soleil l'ait caressé !
Le doigt secret qui guide et nos jours et nos veilles,
Que rien ne saurait arrêter ;
Au noble front de l'homme enferma les merveilles
Que le temps seul peut enfanter.
L'éclat éblouissant des rêves de la fable,
Plus grand devait nous parvenir,
Somnambule elle avait esquissé sur le sable
L'ombre des traits de l'avenir.

Au jour des temps heureux réservés à la terre,
Comme un signal providentiel,
On verra les volcans éteindre leur cratère,
Et devant nous s'ouvrir le ciel !

Merci, cent fois merci ; cet inspiré langage,
Sans me convaincre tout à fait,
Rendant à ma raison le calme et le courage,
De votre part, est un bienfait.
Philosophe pieux, vous me prouvez encore,
Par un fort logique discours,
Que notre temps recèle un espoir qui l'honore,
Pour consoler des mauvais jours.
J'ai cru, devant les maux de la lignée humaine,
De deuil devoir m'envelopper ;
Mais le doute et l'erreur sont de notre domaine,
Chacun de nous peut se tromper.
Dieu, si rempli d'amour et de mansuétude,
Si grand, si miséricordieux,
Au sein de l'univers, goûte la quiétude
Dans un concert mélodieux.
Les desseins du Très-Haut demeurent un mystère
Qui s'étend sur l'immensité ;

Mais lorsqu'il a doté si richement la terre,
Dans sa sagesse et sa bonté,
Fait l'homme si puissant ; fait l'homme à son image,
Heureux de croire et d'adorer;
Pourrait-il n'avoir fait un si superbe ouvrage,
Que pour, à jamais le livrer :
Aux vices, à l'orgueil, à l'envie, à la haine ;
Frappant sans distinction,
Sans pitié, sans retour, toute la race humaine,
Dans sa malédiction !

Soyons amis ; venez. J'aime la controverse
Faite avec charme et loyauté ;
Surtout quand le sujet sur lequel on l'exerce
Intéresse l'humanité.
Avec effusion ma main presse la vôtre,
Nous sommes tous des travailleurs ;
Il faut des pionniers au cœur comme le nôtre,
S'il doit luire des temps meilleurs.
Plus amplement, chez moi, j'en ai toute assurance,
Vous parviendrez à m'éclairer ;
A me donner la foi, la suprême espérance,
Que le ciel dut vous inspirer.

Août 1862.

POUR PARAITRE PROCHAINEMENT

DU MÊME AUTEUR

ET AUX MÊMES LIBRAIRIES

LA VISION DU POÈTE, poème.

LA BATAILLE, inspiration.

LA GUERRE, ode.

LA PAIX, ode.

L'AMOUR, ode.

LES QUATRAINS PHILOSOPHIQUES.

Paris. — Imprimerie Schiller aîné, 11, Faubourg-Montmartre

www.ingramcontent.com/pod-product-compliance
Lightning Source LLC
LaVergne TN
LVHW010338230826
846091LV00009B/3923

* 9 7 8 2 0 1 6 1 8 6 4 8 0 *